AVIS DE M. JOLLIVET,

DÉLÉGUÉ DE LA MARTINIQUE,

A MONSIEUR LE MINISTRE

DE LA MARINE ET DES COLONIES.

AVIS DE M. JOLLIVET,

DÉLÉGUÉ DE LA MARTINIQUE,

A MONSIEUR LE MINISTRE

DE LA MARINE ET DES COLONIES,

SUR LE PROJET D'ORDONNANCE RELATIF A L'EMPRISONNEMENT DISCIPLINAIRE DES ESCLAVES.

PARIS,

IMPRIMERIE D'AD. BLONDEAU, RUE RAMEAU, 7,

PLACE RICHELIEU.

1841

AVIS DE M. JOLLIVET,

DÉLÉGUÉ DE LA MARTINIQUE,

A MONSIEUR LE MINISTRE

DE LA MARINE ET DES COLONIES,

SUR LE PROJET D'ORDONNANCE RELATIF A L'EMPRISONNEMENT DISCIPLINAIRE DES ESCLAVES.

Monsieur le Ministre,

La loi du 24 avril 1833, article 3, porte :

« Il sera statué par ordonnance royale, les Conseils « coloniaux ou leurs Délégués préalablement entendus :

« 1° Sur l'organisation administrative, etc., etc. »

Cette loi laisse au gouvernement l'option de consulter les Conseils coloniaux ou leurs délégués. Les délégués doivent donc, M. le Ministre, donner l'avis que vous leur demandez sur le projet d'ordonnance relatif à *l'emprisonnement disciplinaire des esclaves*. Mais ils doivent en même temps vous déclarer que cet avis sera incomplet et insuffisant, parce qu'ils n'ont pas la connaissance locale de chaque colonie, du régime disciplinaire commun à toutes et particulier à chacune d'elles;

Qu'on ne peut trouver que dans les Conseils coloniaux cette connaissance pratique des choses et des lieux;

Que les Conseils coloniaux sont les représentants directs des habitants, et qu'il y a nécessité de les consulter sur un projet d'ordonnance qui modifie le régime disciplinaire des habitations, qui limite et affaiblit le pouvoir du maître.

La loi du 24 avril 1833, article 3, § 6, n'autorise le gouvernement à statuer par ordonnance sur les améliorations à introduire dans la condition des personnes non libres, que *quand ces améliorations sont compatibles avec les droits acquis*, c'est-à-dire avec le pouvoir des maîtres.

Or, plusieurs dispositions du projet d'ordonnance portant atteinte à ce pouvoir, je conteste la légalité de l'*ordonnance*, et je soutiens que les Conseils coloniaux sont seuls compétents pour statuer par des *décrets*...

C'est sous ces *réserves*, M. le Ministre, que pour mon

compte, je conseus à donner l'avis que vous demandez.

Je ne saurais oublier que le projet d'ordonnance est né des interpellations faites dans la séance du 6 mars.

Vous-même, M. le Ministre, vous le rappelez dans le projet de rapport au roi qui précède le projet d'ordonnance :

« Le gouvernement, y dites-vous, a été interpellé dans « la séance de la chambre des députés du 6 mars der- « nier, etc., etc. Il a reconnu qu'il convenait de prévenir, « par des dispositions spéciales, *des abus de la nature de* « *ceux qui étaient signalés.* Tel est l'objet du projet d'ordon- « nance, etc., etc., le sens et le but des explications qui ont « été échangées *entre la chambre des députés et le gouver-* « *nement du roi.* »

Vous me permettrez de vous faire observer, M. le Ministre, qu'il n'a point été échangé d'explications entre la chambre des députés et le gouvernement du roi ; que des explications ont été demandées par un député, mais qu'il n'y a point eu de résolution de la chambre, et que le gouvernement restait parfaitement libre de faire ou de ne pas faire d'ordonnance après comme avant les interpellations.

Le considérant du projet d'ordonnance porte :

« Que les premières inspections, effectuées en vertu de « l'ordonnance royale du 5 janvier 1840, et des faits ré- « cents, ont fait reconnaître la nécessité de déterminer,

« par des dispositions précises, les limites du pouvoir « disciplinaire des maîtres, en ce qui concerne l'empri- « sonnement des esclaves. »

Je conteste de la manière la plus positive la vérité de ce considérant, et je suis heureux, M. le Ministre, de pouvoir lui opposer l'autorité de votre propre témoignage.

Dans la séance du 6 mars, vous avez dit : « Puisque je « viens de recevoir ce matin par le courrier un rapport de « la Guadeloupe sur la *dernière inspection*, voulez-vous « que je vous communique les résultats de cette inspec- « tion, en ce qui concerne les cachots?

« Eh bien! j'y trouve, pour la première visite : Disci- « pline très modérée; point de cachots; l'hôpital est en « même temps le lieu de détention.

« 2° Ni cachots ni entraves;

« 3° Ni fouets ni cachots; beaucoup de tolérance;

« 4° Discipline nulle;

« 5° Point de cachots, point de fers; discipline très « douce :

« 6° Point de fustigations, point de cachots; discipline « plutôt nulle que sévère;

« Ainsi des autres déclarations.

« Ici, je lis : « Quelques esclaves vivent dans la plus « parfaite égalité avec leurs maîtres, dont ils partagent le « logement; point de cachots. »

« Plus loin : « Peu de cachots; discipline modérée. »

« Presque partout : discipline modérée;

« Discipline modérée ;

« Discipline modérée ;

« Grande indulgence;

« Discipline très modérée. »

Je vous le demande, M. le Ministre, ne résulte-t-il pas de ces rapports que les colons n'avaient rien à redouter des inspections des magistrats? Qu'elles n'ont été d'aucune utilité pour les noirs, puisqu'elles n'ont constaté que des traitements pleins de douceur et d'humanité? Si les colons les ont vues avec répugnance, c'est parce que l'ordonnance qui les prescrit leur a paru dictée par une méfiance injuste; c'est qu'ils se regardaient comme les meilleurs *patrons* de leurs esclaves, et qu'ils ont craint, non sans raison, que l'intervention des magistrats ne compromît, aux yeux de leurs esclaves, leur autorité morale.

Vous l'avez dit encore, M. le Ministre : « Ces rapports « répondent aux interpellations qui ont été faites sur les « rigueurs cruelles qu'on prétend être exercées par les « maîtres. »

Ils réfutent l'acte d'accusation dressé contre les colons, dans la séance du 6 mars, où on n'a pas craint de les représenter traitant leurs esclaves avec inhumanité, professant cette croyance, qu'ils avaient droit d'en user et d'en abuser, de les jeter dans des cachots sans motif sérieux, d'exercer sur eux des sévices et des tortures !

Comme résumé de l'acte d'accusation, on avait provoqué une ordonnance qui limitât le pouvoir disciplinaire des maîtres.

Ne craignez-vous pas, M. le Ministre, qu'en déférant à cette provocation, le gouvernement ne paraisse s'associer à des accusations que les colons n'ont pas méritées, et ne semble donner raison à leurs accusateurs?

Ne craignez-vous pas que les colons ne se croient délaissés par le gouvernement, et ne l'accusent à leur tour de céder à des instigations hostiles?

Déjà ils le croient et s'en affligent :

« Si le gouvernement (disait la commission du Con-
« seil colonial de la Martinique *) libre dans ses allures, « bienveillant à notre égard, guidé seulement par ce sen- « timent de progrès, sans lequel la civilisation serait sta- « tionnaire, venait spontanément nous demander de l'as- « sister dans des améliorations successives, lentes et sage- « ment combinées, nous aurions tort, sans doute, de « les repousser, de nous raidir contre toute tendance à « modifier ce qui existe.

« Malheureusement, nous n'en sommes pas là.

« Une société peu nombreuse, mais hardie dans ses « entreprises, étend aujourd'hui sur nous sa main; elle « presse, elle pousse l'autorité dans une voie dont celle-ci « veut en vain s'écarter; s'emparant d'une dangereuse « initiative, elle lui impose ses lois, ses idées, ses projets.

« Sans elle, Messieurs, nous n'en doutons pas, le mi- « nistre serait juste envers nous. Placé de manière à ap- « précier notre importance, en ce qui concerne les intérêts « maritimes et commerciaux de la métropole, il penserait « à nous conserver, et nous serions, comme autrefois, « l'objet de faveurs spéciales, au lieu d'être le but des « plus désastreuses mesures.

* Séance du 31 octobre 1838.

« Si vous êtes pénétrés de ces vérités, Messieurs, quelle « confiance pouvez-vous avoir dans des propositions qui « découlent d'une source pareille? »

« Si nous jetons les yeux sur le gouvernement (dit la « commission du Conseil colonial de la Guadeloupe *) « sur le gouvernement, notre *protecteur naturel*, nous ne « pouvons nous empêcher de reconnaître qu'il est faible, « incertain, qu'il est aussi dépourvu de la force qui résiste, « que de celle qui agit. »

Les colons se trompent, sans doute, dans leur opinion sur le gouvernement; leurs soupçons ne sont pas fondés, mais ils existent, et il sera difficile de les dissiper, tant qu'ils ne verront pas le ministre des colonies, *leur protecteur naturel*, prendre l'*initiative* en toutes circonstances intéressant les colonies.

Si le projet d'ordonnance était nécessaire, c'est avant la séance du 6 mars qu'il aurait dû être présenté.

Il est telle mesure à laquelle les colons se résigneraient' qui les blesse et les irrite, quand elle est provoquée par leurs ennemis.

Vous excuserez, M. le Ministre, la franchise de ces ré-

* Séance du 10 décembre 1838.

flexions, mais quand il n'est pas un colon qui ne les fasse, je manquerais à mes devoirs, si moi, leur représentant, je ne les portais jusqu'à vous.

Je crois avoir établi que le projet d'ordonnance n'était point *nécessité* par les abus du pouvoir disciplinaire des maîtres ; et quant aux *faits récents* auxquels il est fait allusion dans le *considérant*, vous savez, M. le Ministre, qu'ils se bornent à *deux* faits exceptionnels.

L'ordonnance aurait pour seul résultat, de l'aveu des Gouverneurs des colonies, du Ministre de la marine, de M. de Rémusat lui-même : « de légaliser ce qui existe ; « d'introduire dans la législation des améliorations que « l'humanité et la civilisation créoles ont *introduites depuis* « *longtemps* dans les mœurs et dans le régime des habita- « tions *. »

Le projet d'ordonnance de 1837, adressé aux Conseils coloniaux en 1838 par le Ministre de la marine, porte : « Qu'il peut être ajouté aux anciens réglements de nou- « velles dispositions, que le bon esprit des habitants des « colonies a d'ailleurs la plupart *devancées*. »

* Discours de M. Jubelin, gouverneur de la Guadeloupe, au Conseil colonial, en 1838.

M. de Rémusat, dans son rapport, page 3 : « reconnaît « que l'équité naturelle des colons tempère les consé- « quences rigoureuses de la servitude. *Depuis un temps,* « *surtout,* l'intelligence et le goût des améliorations ont « fait disparaître les abus les plus odieux d'une institution « inexpiable ; les colons les plus éclairés cherchent à ef- « facer par le bien qui vient d'eux le mal qui n'est pas « leur ouvrage. »

Si le projet d'ordonnance n'était qu'inutile, s'il ne faisait que légaliser ce qui existe, que consacrer les améliorations que la civilisation et l'humanité créoles ont introduites dans le régime disciplinaire des ateliers, je ne le combattrais pas ; je me bornerais à dire que le sort des esclaves est mieux garanti par les mœurs que par les lois ; mais plusieurs dispositions du projet d'ordonnance ne sont pas seulement inutiles ; vous allez reconnaître vous-même, M. le Ministre, qu'elles sont dangereuses, subversives de l'autorité des maîtres.

PROJET D'ORDONNANCE.

ARTICLE Ier. — § 1er.

« Le maître ne peut infliger à l'esclave la peine de l'em- « prisonnement, sur son habitation, que pendant *quinze* « *jours* consécutifs. »

J'avais raison de dire que le sort des esclaves était

mieux garanti par les mœurs que par les lois ; il n'arrive, en effet, presque jamais que l'esclave soit emprisonné, de l'ordre de son maître, pendant *quinze jours*.

Deux jours, trois jours, telle est la durée de l'emprisonnement ordinaire, pour faute contre la discipline.

Mais le droit de le prolonger au delà agit, par voie d'intimidation, sur l'esclave, et l'autorité du maître se trouvera compromise, quand l'esclave saura que sa prison doit s'ouvrir à jour fixe, non plus par la volonté du maître, mais par la volonté de la loi.

Je demanderais, si l'on croit devoir fixer une limite, que la durée de l'emprisonnement fût au moins *d'un mois*.

Le maître n'en usera probablement pas, mais il importe que l'esclave sache qu'il peut en user.

Je ferai observer que l'article 17 de l'ordonnance de 1837, soumise en 1838 aux Conseils coloniaux, fixait à *un mois* la durée de l'emprisonnement, et je ne vois pas pourquoi on la réduirait aujourd'hui de moitié.

Le projet de rapport dit :

« Il appartiendra au département de la marine de pour-

« voir, par des instructions, à ce qu'on n'emploie dans « les prisons, pour prévenir l'évasion des détenus, aucun « moyen que l'humanité réprouverait. »

Je puis vous annoncer, M. le Ministre, que vos instructions seront d'une exécution facile. Les colons s'étant interdit depuis longtemps tout moyen réprouvé par l'humanité.

Mais une explication est nécessaire.

Vous avez vécu dans nos colonies, M. le Ministre, et vous savez que la plupart des prisons sont en bois, mal fermées; que les cloisons sont faibles, et seraient facilement brisées par l'esclave qui voudrait s'évader;

Qu'il y a nécessité de se servir d'une barre en fer ou bloc enfermant le pied de l'esclave pour empêcher son évasion; qu'on s'en sert dans toutes les colonies: dans les colonies espagnoles, malgré la douceur des lois et des mœurs à l'égard de l'esclavage; qu'on continue à s'en servir dans les geôles publiques, aux colonies anglaises, depuis l'émancipation.

Aussi, le projet d'ordonnance de 1837, article 17, maintenait-il, au nombre des peines disciplinaires, la détention *avec fers*.

Je demande qu'elle soit maintenue,

Et que cela soit exprimé formellement, sinon dans l'ordonnance, du moins dans le rapport au roi.

Vous savez, M. le Ministre, que quand un esclave marron a été repris, il est d'usage de l'enfermer pendant la nuit, dans la crainte qu'il ne s'évade ; que cette précaution continue tant que le maître lui suppose des projets d'évasion. Si elle est limitée à quinze jours, il est facile de prévoir que le quinzième jour le marron s'évadera.

Le projet d'ordonnance encouragerait le marronnage, qui entraîne à sa suite le vol, le brigandage, l'incendie, si on ne faisait à l'article Ier, § Ier, l'addition suivante : « Néanmoins, le maître pourra enfermer la nuit pendant « un temps illimité le noir qui aura été marron*. »

Le § 2, de l'article Ier, porte :
« L'emprisonnement ne peut avoir lieu que dans un « local sain, spécialement destiné à cet usage par le maître, « avec l'approbation de l'autorité. »

* Depuis que ces observations sont écrites, on m'a assuré, au ministère de la marine, qu'on n'entendait nullement supprimer la barre ni l'emprisonnement de nuit, quand même il excéderait quinze jours ; c'est une assurance dont je prends acte.

Je ne puis qu'approuver cette disposition, en vous faisant remarquer toutefois, M. le Ministre, que les colons ont devancé la prescription législative; qu'il a été constaté par l'inspection des magistrats, comme vous l'avez vous-même reconnu dans la séance du 6 mars, que l'emprisonnement avait lieu, sur presque toutes les habitations, dans un local sain, le plus ordinairement dans une des salles de l'hôpital.

ARTICLE II, § 1er.

« A l'expiration du terme ci-dessus fixé (15 jours), si « le maître croît que la détention ne peut pas cesser sans « inconvénients, il sera tenu de faire conduire l'esclave « devant le juge de paix du canton, qui pourra ordonner « que celui-ci soit attaché à l'atelier public de discipline, « ou qu'il soit renvoyé à son maître. »

§ 2.

« L'esclave attaché à l'atelier de discipline ne pourra y « être retenu plus de trois mois. »

J'appelle, M. le Ministre, toute votre attention sur cet article, qui me paraît porter une grave atteinte à l'autorité du maître.

Je comprendrais que le délai de quinze jours expiré, le maître fût obligé de comparaître devant le juge de paix, et de demander que son esclave fût envoyé à l'atelier public de discipline pendant trois mois. Mais je désirerais que le juge de paix fût tenu de déférer à la demande du maître, comme le président du tribunal civil est tenu de déférer à la demande d'arrestation qui lui est adressée par un père, quand l'enfant est âgé de moins de seize ans*.

Le refus du juge de paix aurait les conséquences les plus fâcheuses :

L'esclave saurait que son maître a voulu le punir et qu'il ne l'a pas pu ;

Il rentrerait sur l'habitation malgré son maître, désarmé et pour ainsi dire condamné par le juge de paix.

L'autorité morale du maître, qui lui est si nécessaire, n'en souffrirait-elle pas ?

* *Code Civil*, art. 376.

Quel inconvénient y aurait-il à dire que le juge de paix *ordonnera*, au lieu de *pourra ordonner?* Croit-on que le maître, sans motifs graves, consentira à se priver pendant trois mois du travail d'un esclave?

Si l'humanité du maître ne rassure pas contre la crainte de l'abus, son intérêt est une garantie qui doit rassurer!

Je vous soumettrai une dernière observation sur cet article. Le projet de rapport au roi fait remarquer avec vérité *qu'il se manifeste dans les colonies une tendance générale à substituer l'emprisonnement aux châtiments corporels.*

Si vous limitez trop fortement la durée de l'emprisonnement disciplinaire, si vous le subordonnez à l'autorité des magistrats; vous arrêterez une tendance que vous déclarez bonne; vous déterminerez une tendance contraire: vous ramènerez aux châtiments corporels.

Le projet de rapport porte « que l'*atelier de discipline* « sera entièrement distinct de ceux auxquels on envoie « les noirs repris de justice, et qu'il sera créé à cet effet « des ateliers de discipline par cantons, peut-être même « par communes. »

La création d'un *atelier disciplinaire* peut avoir son

utilité ; les colons ne voulant à aucun prix envoyer pour fautes disciplinaires leurs esclaves à l'atelier public, parmi les noirs repris de justice.

Cependant, je ne me prononce point à cet égard d'une manière positive ; les Conseils coloniaux pourraient seuls apprécier les avantages et les inconvénients de cette création.

Le § 2 de l'article IIme rappelle les ordonnances qui permettent aux gouverneurs de déporter ou de détenir, pendant cinq ans, l'esclave reconnu dangereux pour la tranquillité publique.

Il était nécessaire de les rappeler, car les Gouverneurs craignaient de les appliquer, et les colons étaient réduits à se faire justice eux-mêmes, lorsque la nature du crime, l'absence de preuves ne leur permettaient pas de recourir aux tribunaux, et qu'ils avaient vainement invoqué la haute juridiction des Gouverneurs.

Je puis citer pour exemple l'affaire Douillard-Mahaudière, cause principale du projet d'ordonnance.

Cette affaire malheureuse n'aurait pas eu lieu, M. Douillard-Mahaudière n'aurait pas détenu vingt-deux mois son esclave Lucile, qu'il croyait, sur les indices les plus forts, coupable d'empoisonnement, si le gouverneur avait accueilli sa demande de déportation.

§ 3.

« Lorsque l'esclave se sera rendu coupable de délits
« ou de crimes susceptibles de motiver son renvoi devant
« les tribunaux, il devra être remis à la disposition du
« procureur du roi, avant l'expiration des trois premiers
« jours d'emprisonnement. »

Les délits les plus fréquents, sur une habitation, sont les vols, les rixes et les voies de fait.

Un châtiment corporel, ou l'emprisonnement, telle est la peine que le maître prononce de son autorité.

Si vous le forcez de recourir aux tribunaux, de déférer le coupable au procureur du roi,

Il arrivera souvent que le maître se trouvera privé du travail d'un grand nombre de ses esclaves; qu'il s'en trouvera privé pendant des années; qu'il sera ruiné, sans que les esclaves y trouvent d'autres avantages que de subir un emprisonnement de plusieurs années, au lieu d'un emprisonnement de quelques jours.

Si le § 5 est le résultat d'une pensée philanthropique, s'il est conçu dans l'intérêt de l'esclave, vous conviendrez, M. le Ministre, qu'elle n'atteint pas son but.

On éviterait une partie de ces graves inconvénients en effaçant le mot *délits* et en ajoutant un paragraphe que j'emprunte à l'article 5 d'un arrêté du 27 septembre 1825, du commandant et administrateur de Bourbon :

« Le vol commis par un esclave au préjudice de son « maître ne pourra être poursuivi qu'autant que le maître « aura dénoncé lui-même l'esclave coupable, ou que ce « dernier aura commis le vol de complicité avec des étran- « gers qui seront mis en jugement. Cette disposition ne « s'applique pas au cas où le vol aura été commis à l'aide « de violences graves. »

Cette addition serait nécessaire, même après avoir supprimé le mot *délits*, le vol domestique étant un *crime*; mais je préfère et je demande la suppression de l'article entier, parce que la législation actuelle suffit, le maître ayant intérêt à dénoncer les *crimes*, et les procureurs du roi pouvant d'ailleurs les poursuivre d'office.

ARTICLE III.

« Il sera tenu sur chaque habitation un registre où « seront incrites les peines disciplinaires, etc. »

Cette disposition, déjà écrite dans l'article 16 d'un projet d'ordonnance de 1837, a été énergiquement repoussée par tous les Conseils coloniaux.

Les commissions des Conseils coloniaux de la Martinique et de la Guadeloupe l'ont combattue par des raisons tirées de l'intérêt même de l'esclave, et je m'y oppose, comme à la disposition la plus funeste du projet d'ordonnance.

« Il est toujours pénible pour le maître, ont dit les « commissions, d'avoir un châtiment à infliger, il tâche, « au tant qu'il est en lui, d'en atténuer la rigueur, et ce « serait une législation barbare que celle qui, dans un « registre tenu à cet effet, chercherait à en perpétuer le « souvenir. »

Les Conseils coloniaux de Bourbon et de la Guyane l'ont déclarée impraticable, vu le grand nombre de propriétaires illétrés, surtout parmi les hommes de couleur.

La commission du Conseil colonial de Bourbon a relevé un état des habitants propriétaires d'esclaves, d'où il résulte qu'on compte dans cette colonie :

Soixante-quinze habitants ayant de .	500	à	100	noirs.
Cent quarante-un, de	100	à	50	»
Quatre cent soixante-deux, de . . .	50	à	21	»
Six cent quatre-vingt-huit, de. . . .	21	à	11	»
Quatre mille cent soixante-trois, de.	10	à	1	»

La commission fait observer que l'obligation de tenir registre ne pourrait s'exécuter que sur les grands ateliers, et que ces grands ateliers sont d'une proportion bien faible, comparés avec les petites propriétés ; que la plupart des petits propriétaires ne savent pas écrire ;

Qu'ainsi l'obligation de tenir registre serait impraticable pour la plus grande partie de la population.

Enfin, tous les Conseils coloniaux se sont élevés avec raison contre une obligation qui tiendrait les maîtres en état de suspicion permanente vis-à-vis de leurs noirs ; qui soumettrait leur pouvoir disciplinaire à l'inspection, au contrôle des magistrats, qui affaiblirait aux yeux de leurs esclaves leur autorité morale!

L'autorité du maître serait encore affaiblie par l'*emprisonnement* que l'article 4 prononce contre eux, pour la plus légère infraction ; en même temps qu'il menace d'effectuer leur ruine par des amendes énormes !

Je ne saurais mieux signaler la tendance et les effets du projet d'ordonnance, qu'en reproduisant un passage de la réponse du Conseil colonial de Bourbon, consulté en 1837 sur un projet d'ordonnance qui contenait des dispositions analogues :

« Nous avons voulu obéir à nos devoirs, M. le Gouver-
« neur, en vous donnant notre avis détaillé sur les diverses
« dispositions de cette ordonnance ; car, d'ailleurs, nous
« persistons à nous élever contre son esprit et sa tendance,
« et si nous avions besoin de nous raffermir dans l'opinion
« que nous émettons, il nous suffirait de jeter de nouveau
« les yeux sur la note qui la précède.

« Ainsi, nous y voyons que le projet rédigé en 1835,
« qui, suivant nous, contient, sous prétexte d'*amélioration*,
« des dispositions exorbitantes et déguise une *émancipation*
« *progressive*, n'est déjà plus, au bout de dix-huit mois,
« en rapport avec le progrès qu'a fait depuis lors la
« question d'émancipation, et l'on nous demande, l'on
« exige de nous des améliorations beaucoup plus larges
« sur la diminution des peines disciplinaires !

« Nous venons, mus par une profonde et *unanime* con-
« viction, dussiez-vous en être affligé, comme nous le
« sommes nous-mêmes, nous venons remplir un pénible
« devoir, en vous déclarant, M. le Gouverneur : Que nous
« ne pouvons engager notre responsabilité en donnant
« notre concours à des actes que nous considérons comme
« *la démolition pièce à pièce* du seul système qui puisse nous
« conserver.

« Peut-on exiger des colons qu'ils se suicident de la
« mort la plus lente, et dans les longues angoisses d'une
« pénible agonie ? Nous ne le pensons pas. Si l'émancipa-
« tion est décidée, qu'elle s'exécute immédiatement !
« Mieux vaut en finir tout d'un coup ; nous la subirons
« comme le plus faible est contraint de subir la loi du
« plus fort.

« Ainsi, en se lançant dans une pareille révolution,
« malgré les événements et les résistances qui devraient
« l'en éloigner, le gouvernement assumerait une respon-
« sabilité que les organes officiels de la colonie ne peuvent
« consentir à partager. »

Je crains, M. le Ministre, avec le Conseil colonial de Bourbon, qu'on ne veuille, sous prétexte d'amélioration, déguiser une *émancipation progressive* et éluder l'indemnité. Si mes craintes n'étaient pas fondées, si la résolution du gouvernement était de maintenir pendant longtemps encore la constitution sociale des colonies (et elles ont droit de le penser, puisqu'on n'améliore pas ce qu'on veut détruire); vous les trouveriez empressées à accueillir toute amélioration réelle, pourvu que conformément à la loi du 24 août 1833, *elle fût compatible avec leurs droits acquis.*

Veuillez, Monsieur le Ministre, agréer l'assurance de la considération la plus distinguée de

Votre très humble et très obéissant serviteur,

A. Jollivet.

Délégué de la Martinique.

Paris, 20 juin 1841.

www.ingramcontent.com/pod-product-compliance
Ingram Content Group UK Ltd.
Pitfield, Milton Keynes, MK11 3LW, UK
UKHW021118290826
14628UKWH00014B/2660

9 782011 783721